지은이 ★ 사스키아 귄

아이들에게 세상의 놀라운 이야기를 들려주기 위해 지난 20년 동안 출판 편집자로서 다양한 아동 논픽션 도서를 만들었다. 현재는 아이들을 위한 글을 쓰는 작가로 활동하고 있으며, 언젠가 공룡이 지구를 다시 방문하기를 희망하는 호기심 많은 두 아들과 함께 상상력을 키우며 살고 있다. 지은 책으로는 『나는 부활절 토끼가 아니다』가 있다.

그린이 ★ 아나 알베로

스페인에서 태어나 프랑스 파리국립장식미술학교에서 시각커뮤니케이션을 공부하고, 독일 베를린예술대학교에서 일러스트레이션을 공부했다. 현재는 베를린에 살면서 다양한 분야의 일러스트 작업을 한다. 크고 오동통한 얼굴과 몸집, 그에 비해 작고 섬세한 이목구비와 손발을 가진 익살스러운 캐릭터를 그리는 것이 특징이다. 우리나라에서 전시회를 열어 커다란 사랑을 받았다. 그린 책으로는 『생명을 지키는 사람들의 하루』『호기심이 만드는 과학자들』이 있다.

옮긴이 ★ 김배경

카톨릭대학교를 졸업하고 영국 스털링대학교에서 출판학 석사 학위를 받았다. 교계 신문 취재 기자를 거쳐 출판사 편집자로 일하다가 지금은 어린이와 청소년 책을 우리말로 옮기고 있다. 『걸어 다니는 친환경 스쿨버스』『산불이 일어난 뒤에』『생명을 지키는 사람들의 하루』『우리가 만든 나라 이름은 '전쟁'』『나는야 베들레헴의 길고양이』 등을 우리말로 옮겼다.

세상을 바꾸는 직업과 사람들
상상을 현실로 바꾼 수학자들

초판 1쇄 2024년 3월 29일
글쓴이 사스키아 귄 | **그린이** 아나 알베로 | **옮긴이** 김배경
펴낸곳 책속물고기 | **출판등록** 제2021-000002호 | **주소** 서울특별시 영등포구 양평로 157, 1112호
전화 02-322-9239(영업) 02-322-9240(편집) | **팩스** 02-322-9243 | **전자메일** bookinfish@naver.com
책속물고기 카페 http://cafe.naver.com/bookinfish | **인스타그램** @bookinfish
ISBN 979-11-6327-153-6 77410 | **콘텐츠 프로바이더** 와이루틴

*이 책의 내용을 쓰고자 할 때는 저작권자와 출판사 양측의 허락을 받아야 합니다.
*잘못된 책은 바꾸어 드립니다.
*값은 뒤표지에 있습니다.

Mathematicians are Counting the Stars!
© 2022 Magic Cat Publishing Ltd.
Text © 2022 Saskia Gwinn
Illustrations © 2022 Anna Albero
First published in 2022 by Magic Cat Publishing Ltd. in the UK
Korean translation copyright © 2024 BookInFish
This Korean edition was published by agreement with Lucky Cat Publishing Ltd
through The ChoiceMaker Korea Co.

이 책의 한국어판 저작권은 초이스메이커코리아를 통해 저작권사와 독점 계약한 책속물고기에 있습니다.
저작권법에 의해 한국 내에서 보호를 받는 저작물이므로 무단 전재와 무단 복제를 금합니다.

품명 아동 도서 | **사용연령** 7세 이상
주의사항 ◎ 종이에 베이거나 굽히지 않도록 조심하세요. ◎ 책 모서리가 날카로우니 던지거나 떨어뜨리지 마세요.
KC마크는 이 제품이 공통안전기준에 적합하였음을 의미합니다.

세상을 바꾸는 직업과 사람들

상상을 현실로 바꾼 수학자들

사스키아 권 글 ★ 아나 알베로 그림 ★ 김배경 옮김

책속물고기

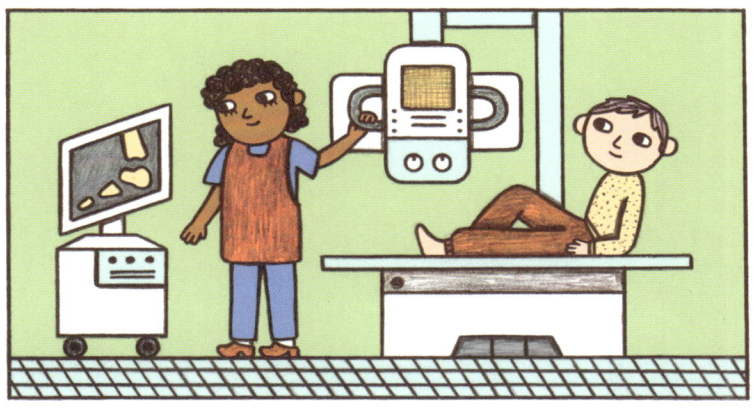

수학자는 동물이 얼마나 빨리 달리는지 알 수 있어요

놀라운 수학 공식을 이용해 동물들의 달리기 속도를 알아내지요.

갈릴레오 갈릴레이는 속도를 측정하는 방법을 알아냈어!

속도=거리/시간

덕분에 우리는 동물들이 얼마나 빨리 달리는지 계산할 수 있지!

미리암 히르트는 동물이 최고 속도를 내는 데는 큰 비밀이 있다고 주장했어.

그녀는 수학 공식을 이용해 빨리 달리는 동물들의 특징을 밝혀냈어. 가장 빠른 동물은 말이야……

덩치 큰 동물은 최고 속도에 다다르기 전에 에너지를 다 써 버려서 빨리 달리기 어렵고,
자그마한 동물은 작은 근육으로는 속도를 높이기가 어렵대.

수학자는 우리 몸속을 들여다볼 수 있어요

사람의 몸이 어떤 물질로 이루어졌는지를 수학으로 알아내요.

칼리암푸디 라다크리슈나 라오는 어릴 때부터 숫자를 좋아했어. 그래서 여섯 살의 나이에 구구단을 무려 20단까지 외웠대!

그는 영국의 케임브리지 대학교에 다닐 때 진기한 수학 모델을 이용해 쥐의 염색체 지도를 완성했어. 염색체를 이해하면 몸속 DNA의 어떤 부분을 어느 조상으로부터 물려받았는지 파악할 수 있지.

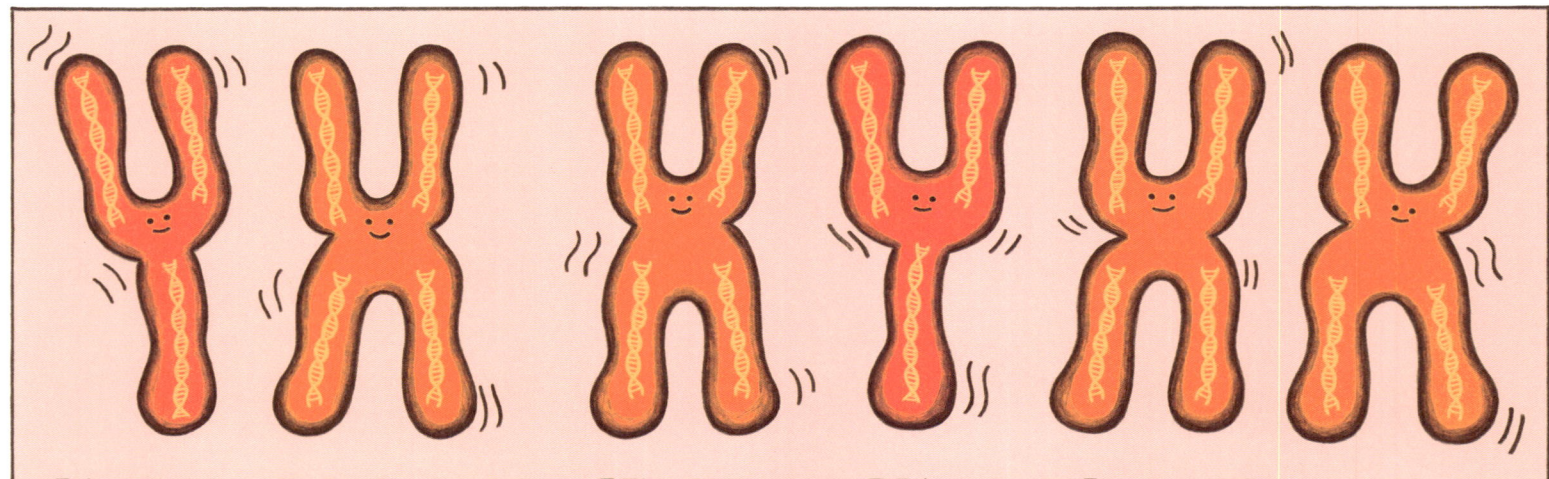

몸속 세포에 있는 염색체 안에는 DNA라는 물질이 있어. DNA는 독특한 유전 정보를 저장하고 있어서 몸속 세포들에게 어떤 작용을 하라고 시킨단다. 모든 사람에게는 DNA가 있는데, 그 성질은 사람마다 달라.

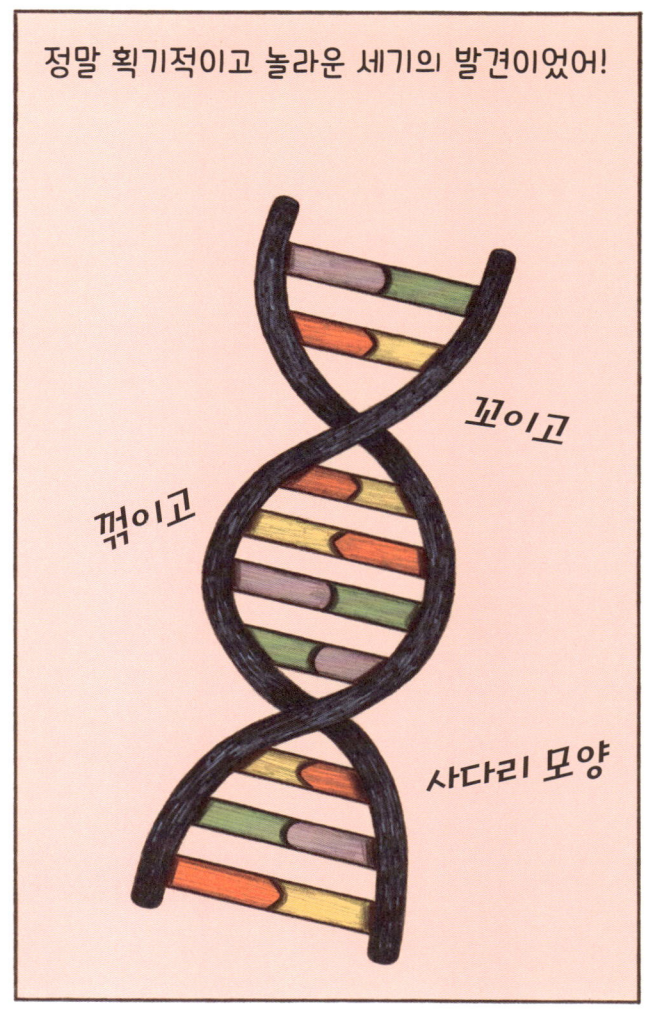

수학자는 지진의 비밀을 풀 수 있어요

신기한 측정 기술을 이용해 지진에 관한 중요한 정보를 밝혀내요.

잉에 레만은 수학을 이용해 지진에 관한 놀라운 사실을 알아냈어.
바로 지진이 일어나면서 '지진파'라는 거대한 에너지의 파장이 생긴다는 점이야.

지진파를 측정한 레만 박사는 에너지의 파장이 구부러지기도 한다는 걸 깨달았어.

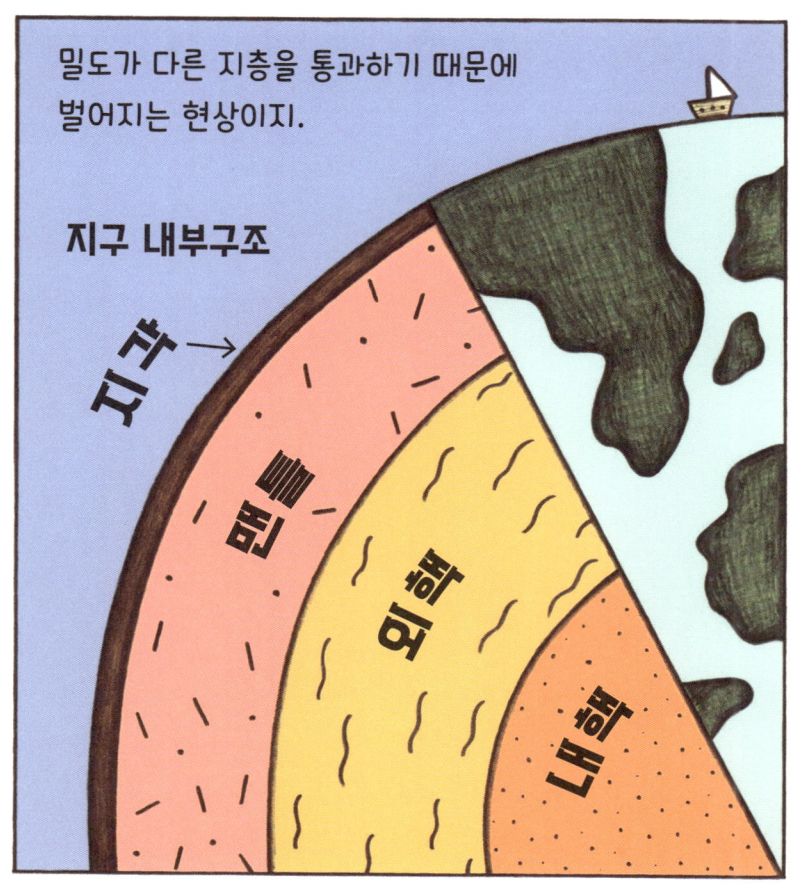
밀도가 다른 지층을 통과하기 때문에 벌어지는 현상이지.

지구 내부구조

지각
맨틀
외핵
내핵

안드리야 모호로비치치는 뛰어난 수학 실력을 발휘해 지진의 파동이 전파되고 확산하는 속도를 알아냈어.

수학자들이 지진에 관해 많은 사실을 발견할수록, 자연재해로부터 사람들을 보호하는 방법은 더욱 발전하게 될 거야.

수학자들이 잘 아는 건 또 뭐가 있어요?

자동차!

수학 덕분에 자동차 기술이 발전했어요

뛰어난 수학적 사고로 다양한 자동차를 만들어요.

전기 자동차를 타면 환경 오염을 일으키는 탄소 배출을 줄일 수 있어서 친환경적이야.

근위축증으로 휠체어를 탔던 **랠프 브론**은 승용차나 버스, 밴에 휠체어 승강대를 만들었지!

글래디스 웨스트는 수학 연구를 통해 위성으로 위치를 확인할 수 있는 시스템(GPS)을 개발했어. 덕분에 자동차나 스마트폰으로 위치나 이동 경로를 쉽게 알 수 있게 됐지.

450미터 앞에서 좌회전하세요!

오늘날 수학자들은 스스로 달리는 '자율 주행 자동차'도 개발하고 있어!

수학자들은 건물도 지을 수 있나요?

물론이지!

수학으로 높이 솟은 고층 건물을 지어요

흥미로운 수학 공식을 이용해 세계에서 가장 아름답고 높은 건물을 짓지요.

다양한 건물의 모양,

부드러운 곡선,

반복되는 문양,

그리고 높이도 연구하지.

로마 아그라왈은 수학의 개념을 이용해 바람이 세게 불어도 건물이 흔들리는 않는 방법을 알아냈어.

그녀는 영국에서 가장 높은 건물의 꼭대기를 설계했는데 그 건물은 바로 지붕을 뻥 뚫어 놓은……

'더 샤드'라는 72층 빌딩이야.

세지마 가즈요는 수학을 디자인에 적용해 '정사각형'이나 '큐브'처럼 독특한 형태의 건물을 짓기도 했어.

공학자나 건축가들이 멋진 건물을 지을 때뿐만 아니라 목수, 건설 노동자, 건축업자와 같은 다양한 분야의 전문가에게도 수학은 유용한 도구가 되지!

수학자는 또 어떤 놀라운 것들을 만드나요?

네가 좋아하는 컴퓨터 게임도 있지!

수학자는 컴퓨터 게임 프로그램도 만들어요

수학 원리를 이용하면 재미있는 컴퓨터 게임을 '코딩'할 수 있어요.

세계 최초의 컴퓨터 프로그래머로 불리는 **에이다 러브레이스**는 사물이 작동하는 원리에 관심이 많았어.

해석 기관

규칙에 따라 숫자를 조작하면 정보나 지시를 처리할 수 있다는 것을 알아냈지.

세월이 한참 흐른 뒤 에이다의 연구는 컴퓨터의 발명으로 이어졌단다.

누구나 게임을 즐길 수 있는 컴퓨터 말이야!

제리 로슨은 비디오 게임을 아주 좋아해서 직접 게임을 만들었어.

수학을 아주 잘 하는 개발자들과 함께 팀을 꾸리고 '카트리지'에 게임 프로그램을 저장하는 방법을 개발했지. 그 전까지만 해도 커다란 비디오 게임기에 내장된 게임만 할 수 있었는데 드디어 게임 팩이 등장한 거야.

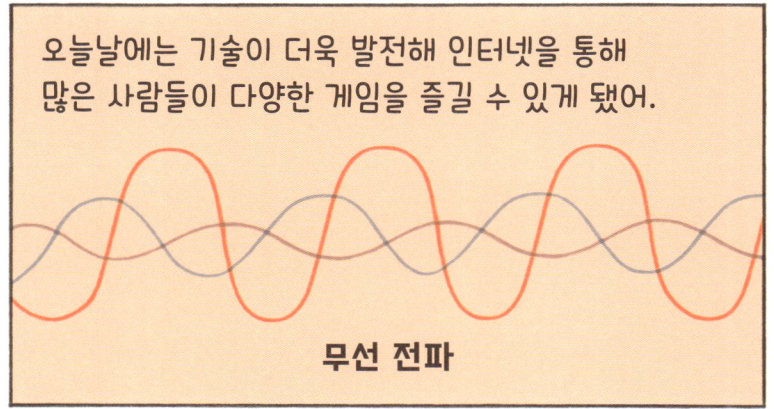

오늘날에는 기술이 더욱 발전해 인터넷을 통해 많은 사람들이 다양한 게임을 즐길 수 있게 됐어.

무선 전파

바다 밑에 광섬유 케이블이 깔려 있어서 세계 곳곳으로 빠르게 데이터를 보낼 수 있거든!

이제는 거실에서 편안하게 모든 정보를 접할 수 있어.

이 놀라운 일이 모두 수학 덕분이라고!

수학은 정말 대단하네요!

맞아! 지금도 계속 발전하고 있단다.

수학자는 인공 지능도 창조해요

수학을 이용해서 컴퓨터에게 문제 해결 절차를 알려줄 수 있어요.

수학 덕분에 점점 더 편리한 스마트 기계들이 등장하고 있어.

똑똑하고

반짝반짝 윤이 나요!

더 똑똑하고

훨씬 더 똑똑하게!

수학자들은 사람의 뇌가 하는 일을 컴퓨터도 할 수 있을지 연구하고 있어. 그게 바로 인공 지능(AI) 연구야.

안녕!

존 매카시는 '인공 지능'이라는 말을 처음 쓴 컴퓨터 과학자야. 그는 함께 체스를 둘 수 있는 컴퓨터를 개발했지.

라나 엘 칼리우비는 인간의 목소리나 표정으로 감정을 인식하는 컴퓨터인 '감성 AI'를 개발했어!

컴퓨터는 인간처럼 스스로 생각하는 능력은 없지만 수학을 이용해 체스나 바둑 경기에서 챔피언을 꺾고 우승하기도 한단다.

내가 이겼다!

그러나 인간의 뇌는 끝없는 상상을 할 수 있기 때문에 컴퓨터가 도저히 따라올 수 없는 더 멋진 아이디어를 떠올릴 거야!

음, 수학자들이 컴퓨터에게 이런저런 것들을 가르친다고 했는데, 그럼 수학자들의 스승은 누구예요?

그건 바로 자연입니다!

수학자들은 자연에서 패턴을 발견했어요

자연에서 패턴이 반복되는 것을 밝히기 위해 놀라운 수학 공식을 이용해요.

모양이나 무늬가 반복되는 것을 '패턴'이라고 하는데, **브누아 망델브로**는 자연에서 패턴을 발견하고 논리적으로 증명했어. 특히 일부분이 전체 구조와 닮은 패턴을 '프랙털'이라고 불러.

솔방울이나,

해바라기,

파인애플,

공작새의 깃털까지.

어때, 패턴이 보이지?

앨런 튜링도 주변 사물의 규칙적인 모양과 형태를 관찰하며 여러 패턴을 발견했어.

mbu복어 몸통에 화려한 무늬가 반복되는 이유!

또 소라 껍데기에 나타나는 소용돌이무늬와

표범의 멋진 점박이 무늬가 나타나는 이유도!

이러한 무늬들은 몸속에서 일어나는 화학 반응 때문에 생기는 거야.

수학자들이 우리 몸속에 반복되는 패턴이 있다는 것을 발견한 덕분에, 의사들은 병을 치료하는 힌트를 얻게 됐어!

수학자들은 또 어떤 것을 알아냈나요?

빠르게 하늘을 나는 기구를 만드는 법도 알아냈지!

수학자들이 초고속 비행기를 만들었어요

하늘을 빨리 나는 기구를 만들기 위해서는 수학이 필요해요.

위대한 발명가 **라이트 형제**를 봐.

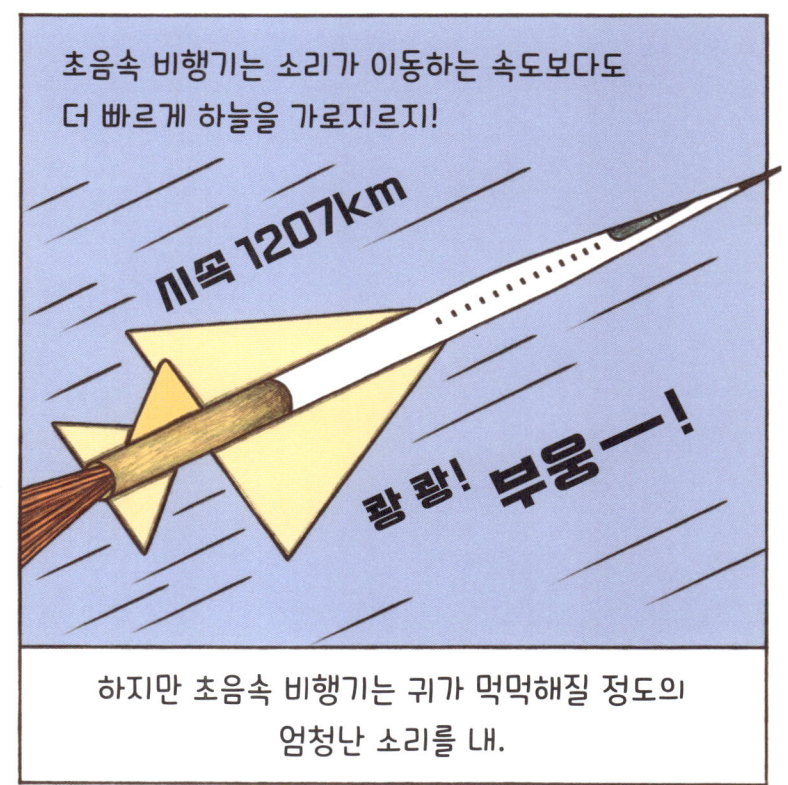

그래서 **크리스틴 다든**과 동료들은 소음을 줄이기 위한 연구를 했어!

수학자들은 미래를 예측해요

수학은 미래를 내다볼 수 있는 유용한 도구예요.
지구의 미래도 예측할 수 있지요.

마나베 슈쿠로는 수학적 모델을 개발해 기후 변화를 증명하고, 지구가 점점 더 뜨거워질 거라고 말했어.

또 우리가 이산화 탄소를 너무 많이 배출하고 있다고 경고했어.

크리스티안 루소는 수학자들을 한데 모아 중요한 의논을 했어.
'지구 온난화가 계속되면 어떻게 될까' 하는 문제였지.

수학자들은 밤하늘의 별을 세어요
수학은 신비한 천체 물리 현상을 설명하는 도구가 돼요.

캐서린 존슨은 우주 비행에 필요한 숫자를 세고 계산하는 걸 무척 사랑했어.

그래서 지구에서 달까지 가는 궤도를 우주 수학을 활용해 분석했지.

수학자들은 별도 셀 수 있어. 그들은 은하수에 속한 별이 1,000억 개가 넘는다고 예상해.

우리 태양계처럼 그 별들도 주위를 도는 행성이 있다면

눈에 보이지 않는 별들의 수는 자그마치 수천 억 개가 넘을 거야!

하지만 별들은 몇 광년이나 떨어져 있어. 광년은 상상할 수 없을 정도로 먼 거리야.

헨리에타 스완 레빗은 별의 밝기를 관찰함으로써 그 별이 얼마나 멀리 떨어져 있는지 알아냈어.

별의 빛은 아주 밝아서 근처에 어떤 행성이 있는지 알아보기 어려워.

그래서 수학자들은 주변을 볼 수 없을 정도로 밝은 빛을 막는 기계를 발명했지.

덕분에 별들 주변을 감싸고 있는 행성들을 볼 수 있게 됐어. 거기에 외계인이 살고 있는지도 연구하고 말이야!

수학자는 외계 생명체를 찾는 일도 해요

수천억 개나 되는 행성 중 다른 생명체의 신호를 찾고 있어요.

우주에서 또 다른 생명체를 찾는 건 쉬운 일이 아니야.

우선, 지구가 속한 태양계 밖에 있는 행성들을 찾아야 해. 그걸 '외계 행성'이라고 부르지.

외계 행성을 찾을 때도 수학 공식이 필요해.

사라 시거는 수학을 이용해 태양계 밖의 아주 멀리 떨어져 있는 행성들을 발견했어.

미셸 쿠니모토 역시 우주 망원경으로 행성이 별 앞을 지날 때 별빛이 줄어든다는 사실을 알아냈어!

저 신기한 외계 행성들 좀 봐! 수학자들이 찾아낸 별들이야.

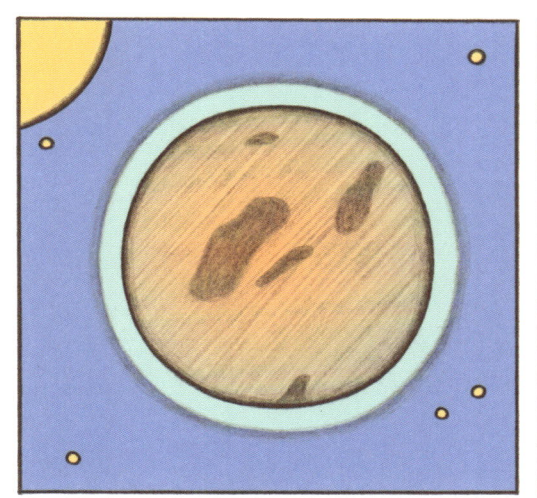

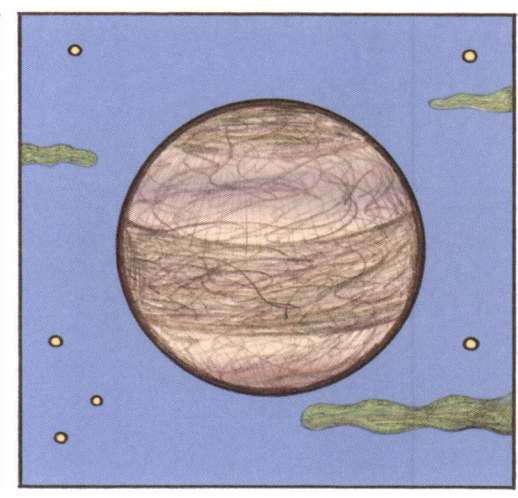

언젠가는 다른 행성에 살고 있는 외계 생명체들도 찾을 거야!

드디어 찾았네!

나도 그런 수학자가 될 수 있을까요?

그럼, 될 수 있고말고.

여러분은 수학자가 될 자질이 충분해요

수학자들은 숫자나 도형, 그래프, 수치 등을 살피며 수학의 세계를 넓혀 가요.

수학자들은 말이야……

패턴을 관찰하거나,

벽돌 쌓기 놀이를 하고,

동물에 대해 관심을 가졌어.

고래는 얼마나 빨라요?

또 로켓에 관한 책을 읽으며 무척 흥미로워했지.

이 책에 등장한 수학자들을 소개합니다

천문학자

갈릴레오 갈릴레이
(1564-1642)

갈릴레오는 수학자이자 천문학자, 자연 철학자였어요. 사물이 얼마나 빨리 이동하는지 측정하는 법을 알아냈어요. 직접 만든 망원경으로 목성 주위를 도는 위성들(갈릴레이 위성)을 발견하기도 했답니다. 처음에는 위성들이 그냥 별인 줄 알았다고 해요.

통계학자

칼리암푸디 라다크리슈나 라오
(1920~2023)

라오 박사는 놀라운 수학 모델로 전 세계에 영향을 미친 뛰어난 수학자이자 통계학자예요. 라오 박사의 이름을 딴 유명한 수학 공식도 있을 정도지요. 수학 발전에 훌륭한 업적을 남겨서 2023년 국제통계상을 받았어요.

지진학자

잉에 레만
(1888~1993)

잉에는 수학을 이용해 지구의 내핵을 발견한 지진학자예요. 지진이 일어날 때 방출되는 에너지의 파동을 측정했는데 파동이 구부러진다는 것을 알아챘어요. 그 이유는 지구 내부가 단단한 고체 상태의 내핵과 액체 상태인 외핵으로 구성되었기 때문이지요.

수학적 상상력의 힘

미리암 히르트
(1988~)

미리암은 동물들의 최고 속도를 알아내기 위해 수학 공식을 이용했어요. 미리암의 연구 팀은 코끼리나 무시무시한 공룡 티라노사우르스처럼 몸집이 큰 동물들은 최고 속도에 다다르기 전에 에너지를 다 써 버린다는 것을 밝혀냈어요.

(생물다양성) 연구가

로절린드 프랭클린
(1920~1958)

로절린드는 X선 촬영을 통해 DNA의 구조를 알아냈어요. '51번 사진'으로 알려진 X선 사진을 분석한 결과, DNA가 두 개의 나선형 가닥으로 되어 있다는 놀라운 사실을 발견했답니다.
하지만 로절린드는 사망한 지 몇 해가 지나도록 업적을 인정받지 못했어요.

화학자

안드리야 모호로비치치
(1857~1936)

근대 지진학의 아버지라 불리는 안드리야는 지진파의 이동 속도를 알아냈어요. 그리고 지진파는 지구 중심부에 가까워질수록 이동 속도가 더 빨라진다는 중요한 사실도 밝혔어요. 안드리야의 연구 덕분에 지구 내부에 대해 더 정확하게 알게 되었지요.

지진학자

랠프 브론
(1940~2013)

랠프는 여섯 살 때 근위축증 진단을 받고 열네 살에 휠체어를 타기 시작했어요. 하지만 어릴 때부터 아버지 차고에서 멋진 발명품을 만들었던 랠프는 훗날 자동차에 설치하는 휠체어 승강대를 개발했지요. 또한 전동 스쿠터도 만들었답니다.

로마 아그라왈
(1983~)

로마는 영국에서 가장 높은 72층 빌딩 '더 샤드'의 천장을 디자인할 때 수학 공식을 활용했어요. 또한 세계 건축 역사에 대한 책을 내거나 강연도 하면서 멋진 발명과 과학의 발전이 세상을 어떻게 바꿨는지도 소개하고 있어요.

에이다 러브레이스
(1815~1852)

에이다는 여자들이 교육을 제대로 받지 못하던 시절 '찰스 배비지'라는 수학자를 만나 재능을 꽃피웠어요. 에이다는 명령어를 잘 짜면 어려운 계산은 물론 복잡한 문제도 해결할 수 있다는 걸 깨달았지요. 이때 에이다가 짠 알고리즘은 '세계 최초의 컴퓨터 프로그램'으로 불려요.

수학자

글래디스 웨스트
(1930~)

글래디스는 흑인 여성으로 초기 '위치 정보 시스템(GPS)' 개발에 꼭 필요한 핵심 기술을 발전시킨 뛰어난 수학자예요. 인공위성이 수집한 자료를 분석하고 지구 표면을 컴퓨터 프로그래밍으로 도식화한 덕분이었지요.

건축가

세지마 가즈요
(1956~)

세지마는 니시자와 류에와 함께 세계 곳곳에 아름다운 건물들을 짓고 있어요. 주택, 사무실, 미술관 등을 지을 때 사각형 또는 정육면체 형태의 수학적 디자인을 적용하는 것으로도 유명하지요. 세지마는 건축계의 노벨상이라 불리는 '프리츠커상'을 받았어요.

엔지니어

제리 로슨
(1940~2011)

제리는 고등학생 시절 전자 제품을 가지고 노는 걸 좋아해 텔레비전을 직접 고치기도 했어요. 성인이 되어 엔지니어가 되었고, 1970년대에는 비디오 게임이 내장된 '롬 카트리지'를 개발해 큰 인기를 얻었답니다.

컴퓨터 과학자

존 매카시
(1927~2011)

존은 '인공 지능(AI)'이라는 말을 처음 쓴 과학자예요. 존은 인간 뇌(지능)의 특성을 컴퓨터에 적용할 수 있다고 생각했어요. 그리고 컴퓨터를 더 똑똑하게 만드는 데 수학을 활용했고, 컴퓨터끼리 체스를 둘 수 있는 프로그램도 만들었어요.

수학자

브누아 망델브로
(1924~2010)

브누아는 자연계에는 구조가 계속 반복되는 패턴, 즉 프랙털이 있다는 것을 발견했어요. 또한 망델브로가 고안하여 그의 이름을 딴 '망델브로 집합'도 있어요. 프랙털의 창시자 망델브로는 뛰어난 업적 덕분에 수많은 상과 찬사를 받았답니다.

항공 역학자

시어도어 폰 카르만
(1881~1963)

시어도어는 비행기에 관심이 아주 많아 공기의 흐름이 항공기에 미치는 영향을 연구했어요. 그래서 빠르게 날 수 있는 날개 모양을 알아냈고, 덕분에 초음속 비행기가 나올 수 있었지요. 우주와 지구의 경계는 카르만의 이름을 따 '카르만 라인'이라고 불러요.

컴퓨터 과학자

라나 엘 칼리우비
(1978~)

라나는 감성 AI 전문가로 인공 지능에 인간의 감정을 학습시켰어요. 인공 지능이 사람의 표정이나 목소리로 감정을 인식할 수 있게 한 것이지요. 이집트 출신의 라나는 감성 AI 기업 어펙티바의 창업자로 다양한 분야에서 기술을 활용하고 있어요.

수학자

앨런 튜링
(1912~1954)

앨런은 세상을 바꾼 천재 수학자로 컴퓨터 수학, 생물 수학을 연구했고, 제2차 세계대전 때는 독일군의 암호를 해독했어요. 동물의 몸에 점이나 줄무늬, 독특한 문양 등 패턴이 나타나는 이유를 수학으로 풀기도 했어요.

항공 우주 과학자

크리스틴 다든
(1942~)

크리스틴은 사물의 원리를 밝혀내는 걸 좋아했어요. 미국 우주 항공국(NASA)에서 일하며 캐서린 존슨과 함께 아폴로 11호의 달 착륙에도 기여했지요. 크리스틴은 초음속 비행기가 날 때 생기는 큰 소리인 '소닉 붐'을 오랫동안 연구한 선구자였어요.

기상학자

마나베 슈쿠로
(1931~)

마나베는 날씨를 예측하다가 기후 변화를 본격적으로 연구하기 시작했어요. 수학과 컴퓨터를 이용해 처음으로 지구 기후 모델을 만들고 지구 대기 온도가 점점 올라간다는 것을 발견했지요. 마나베는 지구 온난화를 예측한 공로로 노벨상을 수상했어요.

수학자

캐서린 존슨
(1918~2020)

캐서린은 숫자를 사랑한 수학자예요. NASA에서 우주 비행에 필요한 계산을 담당해 '인간 컴퓨터'라고도 불리지요. 캐서린의 복잡한 계산 능력과 기하학 실력 덕분에 우주 비행사들이 달까지 안전하게 갈 수 있었답니다.

천체 물리학자

사라 시거
(1971~)

사라는 우리 태양계 바깥 외계 행성에서 생명체의 흔적을 찾고 있어요. 지금은 NASA에서 외계 행성 탐사 프로젝트 '스타쉐이드' 팀을 이끌고 있어요. 특별 제작한 해바라기 모양 가림막으로 별빛을 차단해 별 주위를 도는 행성들을 찾고 있지요.

수학자

크리스티안 루소
(1954~)

크리스티안은 다양한 수학 이론을 발표하고 여러 상을 받았으며 수학 대중화를 힘쓰고 있어요. 기후 변화나 지진과 같은 자연재해, 팬데믹(전염병이 전 세계적으로 유행하는 현상) 등을 해결하는 데 수학이 도움이 되도록 수학자들을 설득하고 있지요.

천문학자

헨리에타 스완 레빗
(1868~1921)

헨리에타는 밝기가 변하는 별인 변광성을 1,777개나 찾아냈어요. 헨리에타가 연구한 '별의 밝기'를 통해 천문학자들은 지구에서 다른 별까지의 거리와 은하수의 크기를 알아낼 수 있었지요. 헨리에타는 우주의 크기를 밝히는 데 중요한 실마리를 준 거예요.

천문학자

미셸 쿠니모토
(1994~)

미셸은 어릴 때부터 별과 우주에 관심이 많았어요. 미셸은 외계 행성에서 생명체를 찾고 있는데 2023년까지 새로운 별을 21개나 발견했답니다. 외계 행성을 찾을 때는 별빛의 밝기 변화를 수학적으로 측정하는 방법을 이용해요.